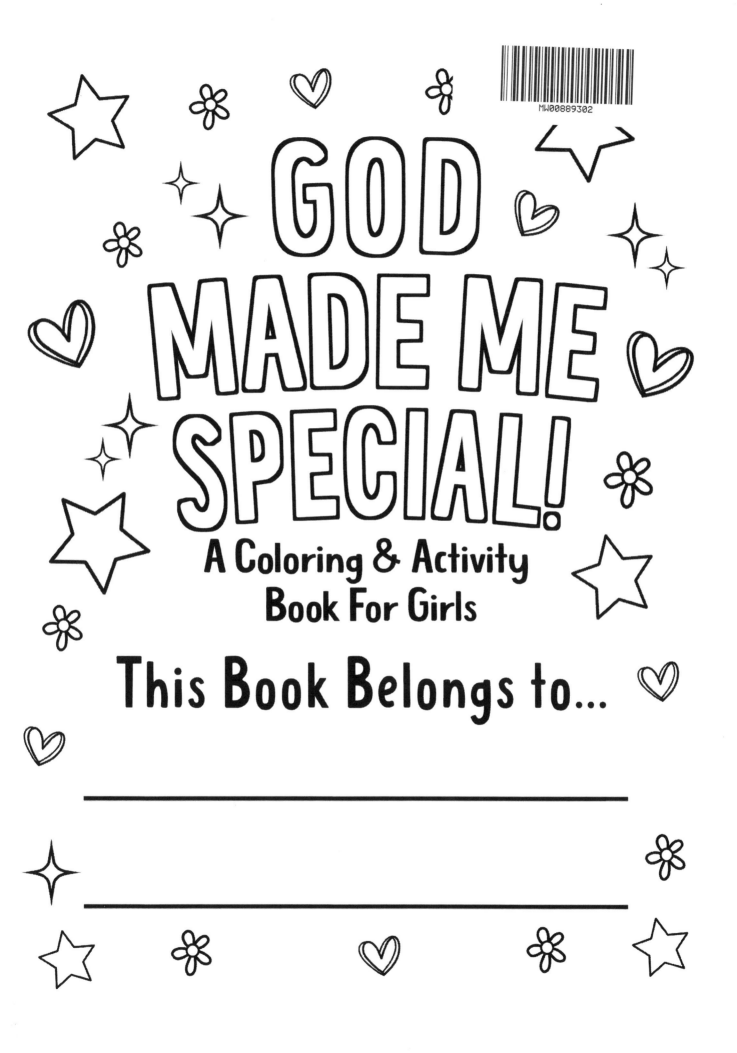

GOD MADE ME SPECIAL!

A Coloring & Activity Book For Girls

This Book Belongs to...

THIS IS ME!

I AM VALUABLE

Proverbs 3:15
She is more precious than rubies.

I AM ONE OF A KIND

My name is _____

I am _____ years old.

I have fun doing _____

I am really good at _____

I am still learning how to _____

My favorite subject at school is _____

I am a good friend because _____

THERE IS NO ONE ELSE LIKE ME!

4 WAYS I CAN HELP OTHERS

I AM GENTLE

Proverbs 16:24
Pleasant words are a honeycomb,
sweet to the soul and healing to the bones.

I Praise God For:

MY PRAYERS

Answered Prayers:

I'm Sorry For:

My Prayer Request:

I AM HUMBLE

Philippians 2:3
Count others more significant than yourselves.

Jeremiah 31:3

I have loved you with an everlasting love.

Dear God,_____
_____
_____
_____
_____
_____
_____

Love,_____

WORD SEARCH

```
L N V U D L W D Z B
O F Y R U O E R I E
V P A F R S Y L G A
E H Y K S L N N H U
D O I E G B O Q U T
J N L S U R C Q M I
G B M L T P R E B F
K Y H S E V I E L U
V A L U A B L E E L
K I G E N T L E M E
```

BLESSED   LOVED
GENTLE   BEAUTIFUL   STRONG
HUMBLE   JOYFUL   VALUABLE

I AM HARD-WORKING

1 Corinthians 10:31

Whatever you do, do it all for the glory of God.

WHEN I GROW UP I WANT TO BE...

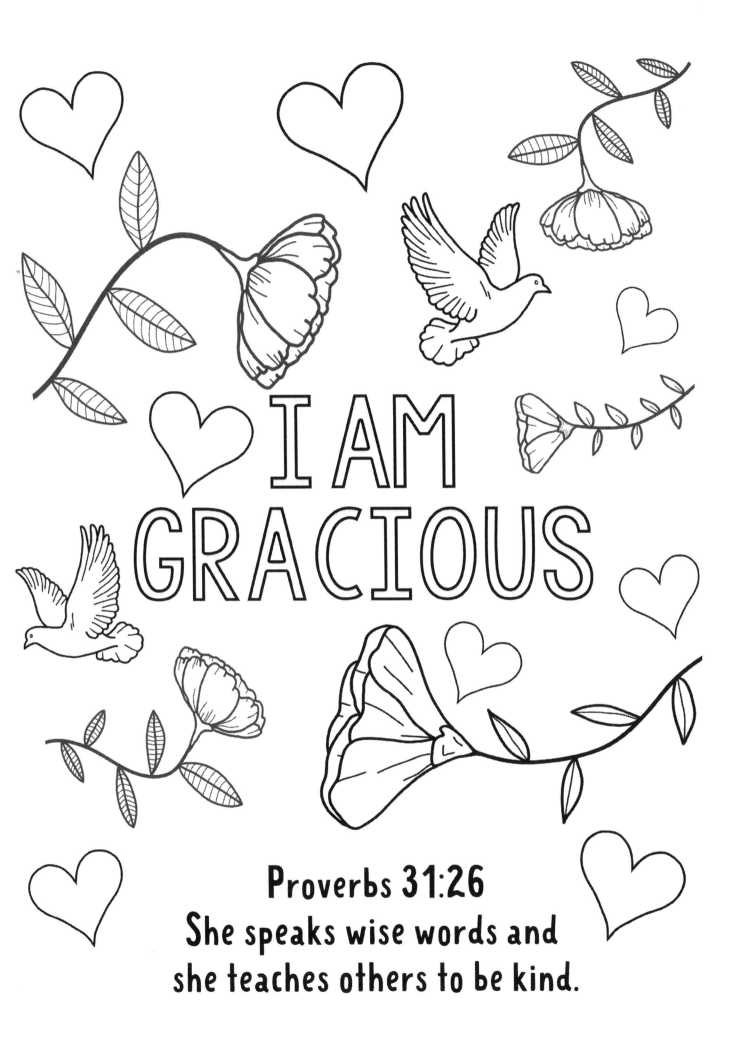

I AM GRACIOUS

Proverbs 31:26
She speaks wise words and
she teaches others to be kind.

I AM CONFIDENT

Psalm 25:21

My integrity and uprightness protect me,
because my hope is in the Lord.

4 WAYS GOD MADE ME SPECIAL

I AM KIND

Proverbs 21:21
Whoever pursues righteousness
and kindness will find life.

I AM A GIFT TO THE WORLD!

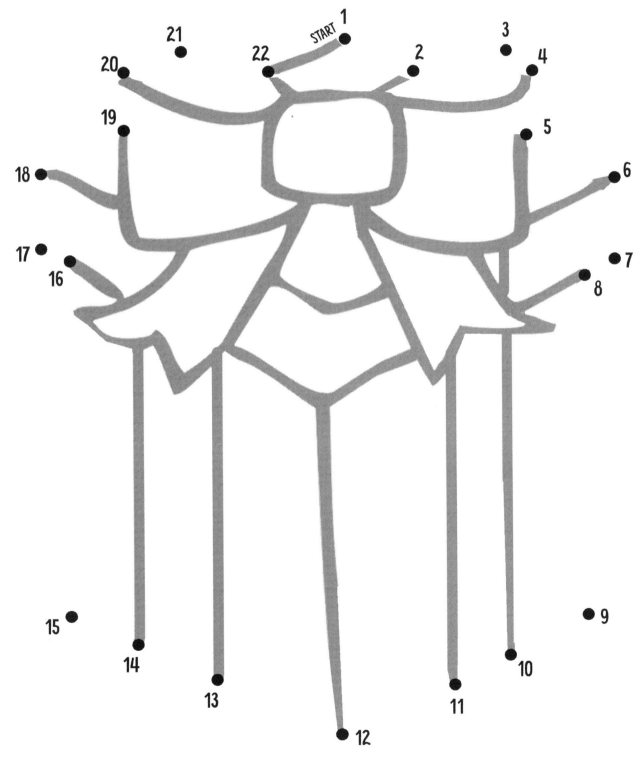

I AM THANKFUL

1 Thessalonians 5:18
Give thanks in all circumstances; for this is the will of God in Christ Jesus for you.

4 THINGS I'M GRATEFUL FOR

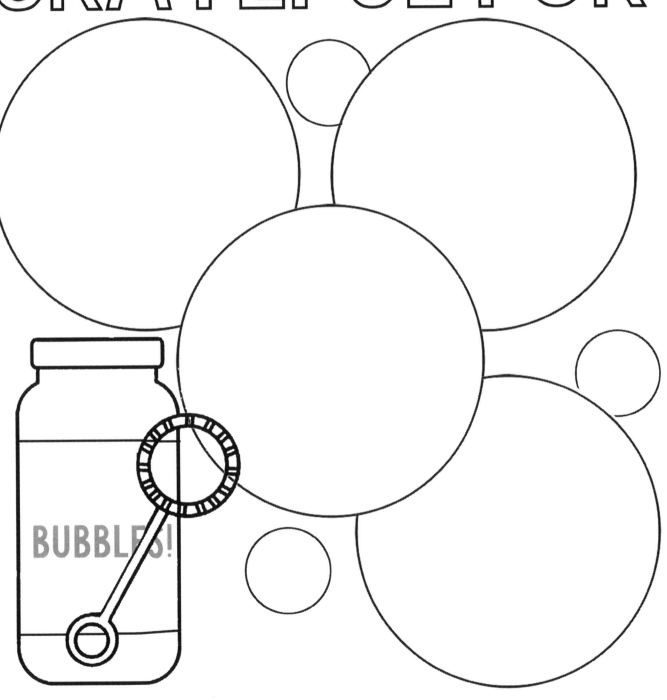

BUBBLES!

On My Heart Today...

I am Praying for...

I am Thankful for...

Answered Prayers...

MY PRAYERS

I AM THOUGHTFUL

Philippians 2:4
Let each of you not look only to his own interests,
but also to the interests of others.

I Praise God For:

MY PRAYERS

Answered Prayers:

I'm Sorry For:

My Prayer Request:

I AM WISE

Proverbs 23:19
Listen, my child, and be wise,
and set your heart on the right path.

WORD SEARCH

```
W I G R K X G U K C
I K B Y I E R O C O
S R N J N U A U T M
E O S D D R C P H P
M R I Y E C I G O A
G P A A F R O C U S
H W Y Z J U U V G S
H B R A V E S D H I
C O N F I D E N T O
T H A N K F U L F N
L M S V B Z W Q U A
D N P E Y X G H L T
T R Z S L J D L M E
```

GRACIOUS   COMPASSIONATE
CONFIDENT   WISE
KIND   THOUGHTFUL
BRAVE   THANKFUL

I AM

COMPASSIONATE

Matthew 5:7
Blessed are the merciful,
for they shall receive mercy.

Dear God,_____

_____

_____

_____

_____

_____

_____

Love,_____

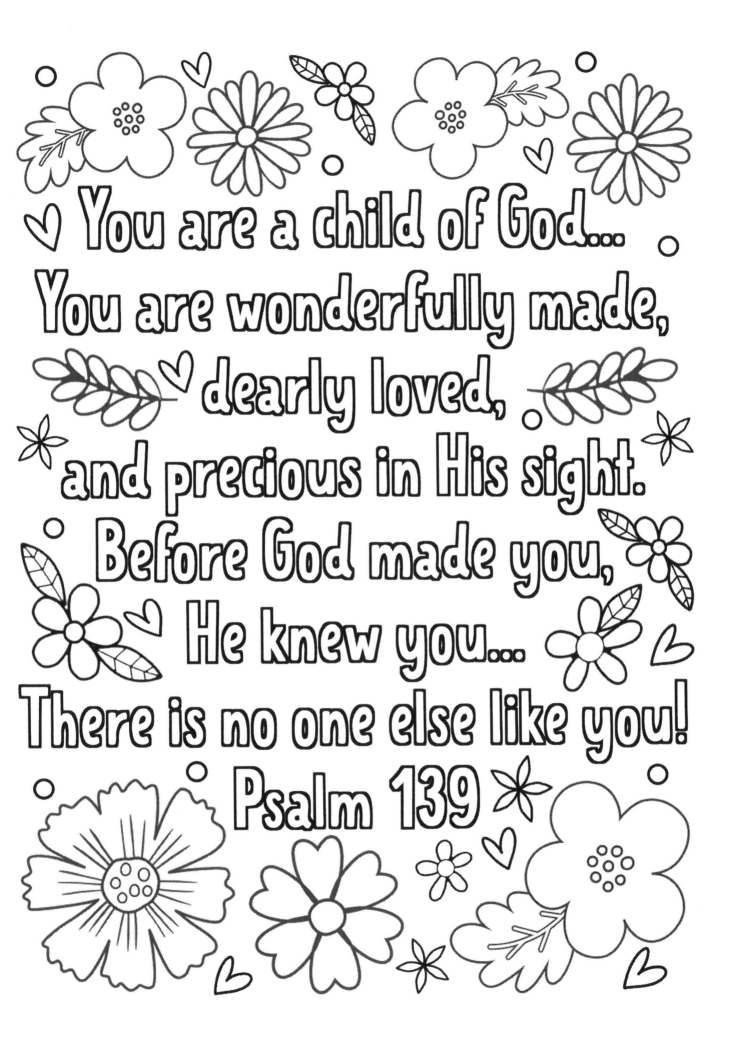

ANSWER KEY

WORD SEARCH

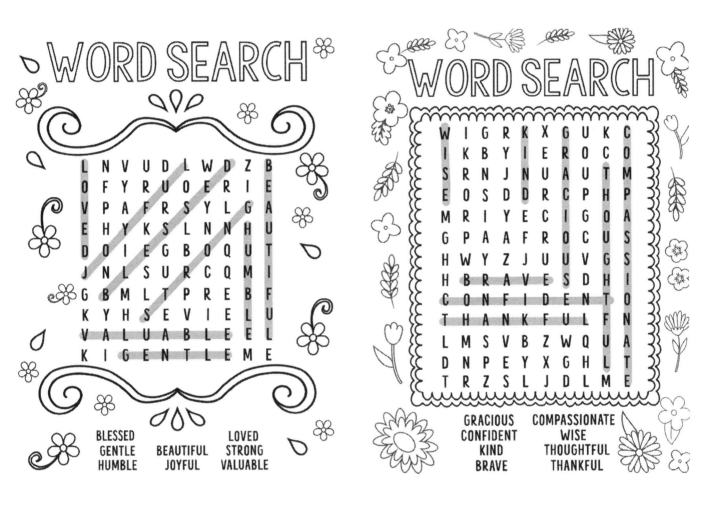

L N V U D L W D Z B
O F Y R U O E R I E
V P A F R S Y L G A
E H Y K S L N N H U
D O I E G B Q O U T
J N L S U R C Q M I
G B M L T P R E B F
K Y H S E V I E L U
V A L U A B L E E L
K I G E N T L E M E

BLESSED · GENTLE · BEAUTIFUL · LOVED · STRONG · HUMBLE · JOYFUL · VALUABLE

WORD SEARCH

W I G R K X G U K C
I K B Y I E R O U O
S R N J N U R C P M
E R O S D D R C P P
M R I Y E C I G C A
G P A A F R U G C S
H W Y Z J U U V V S
H B R A V E S D T I
C O N F I D E N T O
T H A N K F U L F N
L M S V B Z W Q U A
D N P E Y X G H L T
T R Z S L J D L M E

GRACIOUS · CONFIDENT · KIND · BRAVE · COMPASSIONATE · WISE · THOUGHTFUL · THANKFUL

ALSO LOOK FOR THESE OTHER FUN COLORING ACTIVITIES!

www.TinyExpressionsStore.com

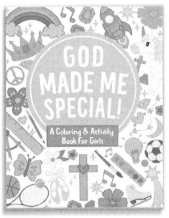

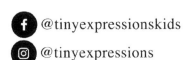

Made in the USA
Columbia, SC
28 October 2024